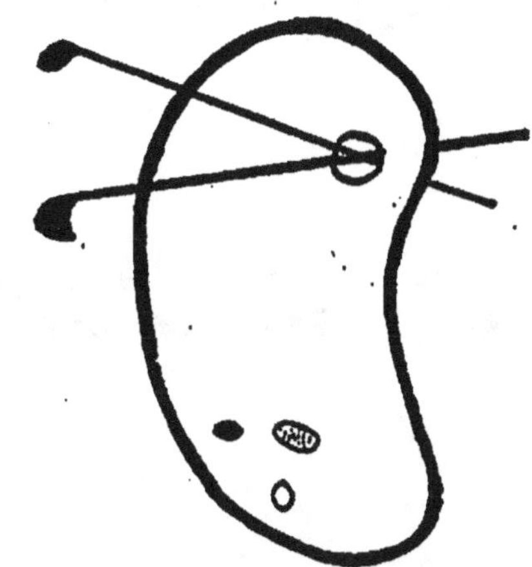

INTRODUCTION

A

l'Histoire de Caen

PAR

HENRI PRENTOUT

CHARGÉ DE COURS A LA FACULTÉ DES LETTRES,
SECRÉTAIRE DE L'ACADÉMIE DES SCIENCES, ARTS ET BELLES-LETTRES
DE CAEN.

CAEN

HENRI DELESQUES, IMPRIMEUR-ÉDITEUR

RUE FROIDE, 2 ET 4

1904

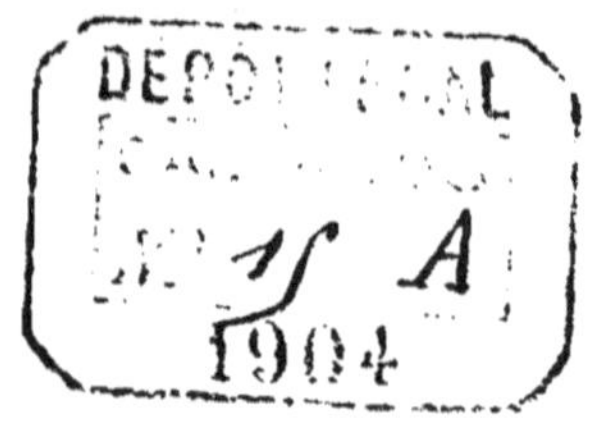

INTRODUCTION

A

L'HISTOIRE DE CAEN

Si le professeur d'histoire régionale doit, d'une part et dès maintenant, essayer, dans une partie de son enseignement, la synthèse critique de ce qui a été écrit sur l'histoire de la Normandie et poursuivre cette histoire de période en période, ne fût-ce que pour montrer à ses étudiants quelles lacunes elle présente encore et les sujets qui sollicitent leur attention, il ne saurait s'abstenir de prêcher d'exemple et de traiter lui-même quelques-uns de ces sujets, en s'efforçant d'ajouter quelque monographie à celles qui existent déjà. On écrivait récemment : « Il est admis que la rédaction de nombreuses monographies locales devra précéder notamment la constitution définitive de l'histoire politique de la France pendant les guerres de religion et la Révolution, celle de l'histoire administrative de l'ancien Régime, de toute l'histoire

1

économique et sociale... (1) ». Quel genre de monographie peut être plus utile qu'une histoire de ville?

Il y a d'ailleurs une grande satisfaction à s'enfermer pour quelque temps dans un sujet aussi limité ; car, en dépit des dépouillements considérables qu'il suppose, on peut concevoir l'espérance d'épuiser avec le temps, avec beaucoup de temps, une matière aussi nettement délimitée.

Il y a aussi une jouissance très profonde à vivre pendant quelques années dans une ville aussi ancienne que Caen, à essayer d'en suivre les transformations dans les différentes phases de l'histoire, en même temps que l'évolution de l'art français dans ses divers monuments. Mais, par dessus tout, il y a utilité à apporter une contribution à l'histoire générale par une étude locale minutieuse.

Presque tous les professeurs chargés de l'enseignement de l'histoire régionale dans les Universités ont été séduits par cette tâche. A la demande de la ville de Bordeaux, M. Camille Jullian écrivait, il y a quelques années, l'histoire de cette ville; l'œuvre fut terminée le 1ᵉʳ mai 1895 pour l'Exposition de cette ville et publiée en un magnifique volume (2). M. Christian Pfister, professeur d'Histoire de l'Est, a consacré six années de son cours public à retracer l'histoire de Nancy (3). La première partie a été

(1) P. Caron : *L'organisation des études locales d'histoire moderne*. Révol. Française, t. XLII, p. 481.

(2) C. Jullian: *Histoire de Bordeaux*. Bordeaux, 1895, in-4°.

(3) Chr. Pfister: *Histoire de Nancy*, I, Paris-Nancy, 1902, in-8°, et une histoire de cette ville.

publiée cette année en un volume très artistique. Le regretté M. Flammermont avait entrepris une histoire de Lille restée inachevée. M. Charléty a déjà publié, en différentes revues, de très intéressants fragments de l'histoire de Lyon (1).

Il reste à démontrer qu'après tant de travaux publiés à Caen sur l'histoire de la ville et sur ses monuments, depuis les *Recherches et antiquitéz de la ville de Caen*, qui datent de 1588, jusqu'au *Caen illustré* de M. E. de Beaurepaire paru en 1896, il y a lieu d'ajouter une œuvre nouvelle. C'est à ce dernier auteur, éminent et aimable érudit dont les Sociétés savantes pleurent encore la perte et honorent la mémoire, que je demanderai la réponse à cette question. Au début de son ouvrage, il tenait à déclarer qu'il n'avait pas eu « l'intention de composer, à proprement parler, une histoire de la ville de Caen » (2). M. de Beaurepaire, en effet, a suivi un plan identique à celui de ses plus éminents prédécesseurs : Huet et l'abbé de la Rue. Il a considéré d'abord la topographie de la ville, les monuments s'y détachaient en relief, il les a étudiés successivement, a fait l'histoire de chacun d'eux et a écrit à leur occasion les annales mémorables de la ville. C'est un ordre très souvent suivi par ceux qui étudient l'histoire d'une cité. Il en est un autre : « L'historien d'une ville, dit M. Pfister dans son intro-

(1) S. Charléty : *Histoire de Lyon depuis les origines jusqu'à nos jours.* Lyon, 1903, in-16.

(2) De Beaurepaire : *Caen illustré.* Caen, gr. in-4°, 1896, p. 2.

duction à l'histoire de Nancy, a le choix entre deux méthodes. Il peut faire, avant tout, l'histoire monumentale ; il décrit les édifices, et à propos d'eux rappelle les faits dont ils ont été les témoins, il parcourt la cité quartier par quartier, rue par rue, il suit un plan topographique. C'est à cet ordre que s'est arrêté Lionnois (1) ; peut-être est-ce celui que préféreront les habitants de la ville, pressés d'être renseignés sur les monuments devant lesquels ils passent ; l'histoire devient de la sorte comme un guide très complet, très étendu. Mais les vrais historiens s'attacheront toujours à l'ordre chronologique ; ils prennent la cité à sa naissance, en suivent les progrès au jour le jour et, à chaque siècle, mesurent le chemin parcouru. Ils montrent quels liens rattachent la ville à la région et au pays, et aussi comment l'histoire générale réagit sur l'histoire locale et réciproquement (2) ».

Ce programme est le mien: je suivrai l'ordre chronologique pour mettre sous les yeux de mes auditeurs, autant que je le pourrai et que les documents le permettront, le développement de la ville de Caen ; les monuments y surgiront les uns après les autres comme ils ont apparu ou se sont transformés sur le sol même de la cité. Nous nous arrêterons de temps en temps pour considérer la ville à ces différentes époques: l'histoire monumentale, au lieu d'être principale dominante, pres-

(1) Historien de la ville de Nancy au XVIIIe siècle.
(2) Chr. Pfister, *op. cit.*, p. 9.

que exclusive, comme elle l'a été chez beaucoup de nos devanciers, et c'était leur dessein, se subordonnera à l'histoire municipale, politique, économique et sociale. De cette manière aussi, je l'espère, nous sentirons, à certains moments, battre l'âme de la ville, et nous aurons fait, pour emprunter cette expression à un écrivain délicat et fin, M. Fierens-Gevaert, l'auteur d'un *Essai sur Bruges*, comme la *Psychologie* de notre belle cité (1).

Retracer l'histoire chronologique de la ville de Caen depuis ses origines jusqu'à nos jours, enchâsser son histoire monumentale dans cette histoire politique et économique, considérer la cité aux différentes étapes de son existence, tel est l'objet de ce cours.

Quelle en doit être la méthode?

I

Pour répondre à cette question, il est nécessaire de considérer: 1° quel est, à l'heure actuelle, l'état de l'histoire de la ville de Caen; 2° quels peuvent être les éléments de cette histoire.

Résumons l'historiographie de notre ville.

En 1588, Charles de Bourgueville, sieur du lieu de Bras et de Brucourt, publiait à Caen, chez Jean Le Fèvre, « *Les Recherches et antiquitez de la province de Neustrie, à présent Duché de Normandie,*

(1) *Psychologie d'une ville. Essai sur Bruges.* Paris, 1901.

comme des villes remarquables d'icelle ; mais plus spécialement de la Ville et Université de Caen (1) ». L'ouvrage se divise, en effet, en deux parties: l'une, assez courte et qui n'est que curieuse, a trait au duché de Normandie, l'autre, beaucoup plus étendue, est relative à la ville et à l'Université. Celle-ci comprend elle-même deux livres très différents. Dans l'un, le livre second de l'ouvrage, de Bras a suivi en somme l'ordre topographique et a servi de base et de modèle à ses successeurs. A propos de chaque partie de la ville, de chaque institution, de chaque monument, de Bras a rappelé les *titres* de la ville et les traditions. Ancien lieutenant général du vicomte de Caen, lieutenant particulier du bailli de Caen, puis lieutenant général, de Bras était l'homme le plus apte à écrire cette partie de l'histoire de la cité. Il sait les traditions, les usages, les droits, les *titres* de la ville que toujours, partout, il rappelle, proclame et défend. Cette partie de son histoire est comme une continuation de sa vie de magistrat municipal, elle devait être appréciée de ses concitoyens, en tout temps très épris des traditions.

La seconde partie de ses *Recherches*, relative à Caen, est en réalité un volume peu étendu de *Mémoires*, comme nous dirions aujourd'hui. Si on était tenté de les trouver trop succincts, qu'on se dise qu'ils n'en ont que plus de valeur. M. de Bourgueville n'a raconté que ce qu'il a vu lui-même

(1) Caen, 1588. Jean Le Févre, petit in-4°, réimpr. in-8°, 1833.

dans sa bonne ville, suivant peut-être les notes de
quelque livre de raison, ou insérant en son livre
des documents copiés aux Archives communales
où on en retrouve encore aujourd'hui l'original.
Pour la période de 1520 à 1588, l'ouvrage de M. de
Bras a donc une très grande valeur, en tenant
compte, il est vrai, des passions religieuses de l'auteur, qui, au reste, ne semblent pas avoir nui à sa
sincérité. Mais, pour les périodes antérieures, il n'y
a pas grand renseignement historique à tirer de
son livre : il y fait preuve d'une absence complète
de critique, défaut commun en son temps, d'une
grande naïveté, trait dominant de son caractère.

De Bras n'avait pas eu de prédécesseurs. Il atten-
dit longtemps son successeur. Dans ses *Éloges*,
Jacques de Cahaignes, son contemporain, apporte
quelques détails trop brefs relatifs aux Caennais les
plus illustres de son temps (1). On trouve encore
quelques traits de ce genre dans le poème intitulé
Cadomus, composé par un universitaire du XVIIe
siècle, Antoine Halley (2). Auparavant, Vauquelin
de la Fresnaye, avec ses œuvres en prose et en vers,
fournit quelquefois des traits piquants et précis sur
les écrivains du temps et les mœurs de la société
polie (3).

(1) Jacobi Cahagnesii... *Elogiorum civium cadomensium
centuria prima*. Cadomi, ex typographia Jacobi Bassi, 1609.

(2) Ant. Halley : *Miscellanea*. Cadomi, J. Cavelier, petit
in-8°, 1675.

(3) Vauquelin de la Fresnaye : *Œuvres diverses en prose et
en vers* (éditées par J. Travers). Caen, 1872, in-8°.

Un siècle s'écoula avant l'apparition des *Origines de Caen*. Comme de Bras, le nouvel historien de Caen, Daniel Huet était de famille caennaise et d'origine municipale, il était le fils d'un secrétaire du Roi qui fut échevin de la ville. La première édition des *Origines de Caen* (un titre qùi rappelle l'époque et les idées d'humanistes savants toujours préoccupés des origines) parut en 1702 : elle était assez médiocre : Huet en accusa les imprimeurs. Elle reçut à Caen un accueil assez sévère : Huet en accusa l'envie, la médisance, l'ignorance, la fainéantise de ses concitoyens(1). Il déclara, c'est assez l'ordinaire en ce cas, qu'il ne connaissait guère de gens à Caen capables de juger d'un ouvrage de littérature. Il garda de ces critiques un assez long ressentiment qui se trahit dans la correspondance avec son neveu de Charsigné, par de terribles boutades contre les Caennais et contre l'Académie (2). Toutefois, il faut croire qu'il se rendit compte que son œuvre était imparfaite, et il espéra sans doute que ses concitoyens apprécieraient davantage une seconde édition qui parut en 1706 (3).

Huet avait de très nombreux correspondants : certains d'entre eux avaient été chargés de le documenter sur Caen. Le P. Martin le renseigna sur les

(1) 13 octobre 1702. A. Gasté: *Lettres inédites de P.-D. Huet à son neveu M. de Charsigné.* Caen, 1901, in-8°, p. 173.

(2) *Ibid.*, p. 194 et 328.

(3) Huet (Daniel): *Origines de la ville de Caen,* 2° édit. Rouen, in-8°, 1706.

Cordeliers. Ces lettres ont été publiées par M. Gasté dans les Annales de la Faculté des Lettres de Caen. Pour ce qui concernait les Jésuites, il s'adressa au P. La Ducquerie, jésuite originaire de cette ville, qui eût pu le bien renseigner sur mainte affaire, car il avait pillé les archives de l'Université, mais il s'en garda bien. C'était d'ailleurs, comme le remarque judicieusement l'abbé de la Rue dans la préface de ses *Essais*, le grand inconvénient de cette méthode d'enquête, que Huet devait s'en rapporter à la science et à la bonne foi de ses informateurs, qui l'égarèrent souvent (1).

Au reste, Huet, sceptique, indifférent, peu soucieux de conclusions justes, ne cherchait point à approfondir. Si son livre est encore de nos jours souvent cité, ce n'est point que toujours on partage ses opinions. Le Normand, né malin, l'appelle souvent « le savant Huet », c'est comme une épithète de nature, elle précède généralement quelque remarque critique dirigée contre l'œuvre du prélat. Et nous aussi nous dirons quelquefois : le savant Huet.

C'est le nom que lui donnait son successeur dans le domaine de l'histoire de Caen. Nommé professeur royal d'histoire à l'Université de Caen, lorsque Louis XVI la réorganisa et y créa des chaires, l'abbé de la Rue rédigea plus tard la protestation de cette conjuration contre la Constitution civile du clergé. L'Université dissoute, il émigra en Angleterre, s'y fit d'utiles relations dans le monde

(1) De la Rue ; *Essais,* p. 7.

savant de ce pays, de tout temps si hospitalier, il y connut lord Leicester et y fréquenta la bibliothèque Douce. Au lieu de passer sa vie comme tant d'autres émigrés en frivoles et inutiles regrets, il travailla, découvrit le British Museum, consulta les manuscrits et les archives, et revint en France à la Restauration, assez riche de documents. Il reprit son enseignement à la Faculté des Lettres, il sut reconnaître que la Révolution avait eu, au point de vue même qui l'occupait, de bons résultats : « elle avait ouvert, disait-il, les chartriers jusqu'alors impénétrables des abbayes » (1).

L'abbé de la Rue avait plusieurs des qualités de l'érudit, et notamment le goût des recherches, un goût qui allait jusqu'à la passion, passion qui n'allait point sans mauvaise humeur contre ceux qui ne partageaient point ses opinions.

L'an dernier, à la séance solennelle de la Société des Antiquaires, son directeur, M. Louis Passy, dans un discours charmant et plein d'humour, traçait un portrait fort piquant, très amusant de l'abbé de la Rue, excellent érudit et détestable caractère, chose assez commune, dit-on.

En 1820, parurent les *Essais historiques sur la ville de Caen* (2). L'ouvrage ajoutait beaucoup à celui de Huet, que l'abbé contredisait souvent, non sans se tromper lui-même parfois. Il reprochait au

(1) De la Rue : *Essais*, p. 11.
(2) De la Rue (Abbé) : *Essais historiques sur la ville de Caen.* Caen, 2 vol. in-8°, 1820.

savant évêque de se faire à priori un système et de
s'y tenir. A priori ou à posteriori l'abbé n'était pas
exempt de ce défaut. Au reste, il était homme de
bonne foi, sans trop de préjugés, d'esprit indé-
pendant et ouvert, et peu enclin aux ménagements
ecclésiastiques.

Pas plus que Huet, il n'a d'ailleurs écrit une
histoire de la ville. Après un chapitre sur les origines où il s'attache surtout à réfuter les idées
du savant évêque d'Avranches, il suit l'ordre topographique et étudie Caen par quartiers ou pa-
roisses. Il se proposait d'écrire l'histoire militaire
et littéraire de la ville dans des ouvrages distincts,
quelques fragments en ont paru sous le titre de :
Nouveaux Essais (1).

Ses livres, bien supérieurs à l'œuvre de Huet, ont
cependant un grand défaut: l'abbé de la Rue ne
donne que de rares références et ne cite ses sources
que d'une façon insuffisante. Cela ne tient-il point
à son caractère cachottier, dissimulé, comme le
qualifiait Auguste le Prevost?

A l'époque où parut l'ouvrage de l'abbé de la
Rue, l'activité de ses contemporains et confrères
donna à l'étude des monuments locaux un brillant
essor sous la direction du maître, du chef d'école
que fut M. de Caumont. Écrivit-on alors l'histoire
de la ville de Caen? Non, ou du moins jamais complètement. La renaissance même des études archéologiques, tout en faisant foire à l'histoire locale de

---

(1) *Nouveaux Essais...* Caen, 2 vol. in-8°, 1842.

grands progrès, devait éloigner d'un tel projet. Dans un désir de restauration de l'ancienne France, bien contemporaine de la Restauration même des Bourbons, on se retournait vers ce qui, dans le passé, était le moins susceptible de diviser les esprits, de ressusciter les polémiques politiques, d'enflammer les passions, vers les impassibles monuments, témoins éloquents à leur manière, des anciens âges. Il entrait aussi dans ces études une sage pensée de préservation, de conservation de ces chefs-d'œuvre qui, eux aussi, à cette époque, eurent souvent besoin d'une restauration qui ne leur fût pas toujours accordée (1). La Société des Antiquaires de Normandie et bien d'autres créations de M. de Caumont sont sorties de ce mouvement. Je vous renvoie, pour tout ce chapitre de l'histoire de la renaissance des études archéologiques à Caen et en Normandie au XIXe siècle, au discours de M. Louis Passy que je citais tout à l'heure (2). D'après la correspondance des contemporains, Auguste le Prevost, de Gerville, de Caumont, M. Passy a fait revivre cette croisade en faveur des monuments d'histoire locale. « Nosce patriam », s'écriait Auguste le Prevost. La croisade était quel-

(1) C'est à cette époque de la Restauration et de la monarchie de Juillet qu'ont disparu l'ancien Hôtel-Dieu et le chœur de Saint-Gilles.

(2) Société des Antiquaires de Normandie. Séance publique du 30 janvier 1902, *Discours prononcé par M. Louis Passy.* Caen, 1902, in-8°, 50 p.

que peu dirigée contre les Anglais, auxquels il faut rendre cet hommage qu'ils avaient découvert, dès le XVIIIe siècle, la Normandie et Caen qui eurent toujours pour eux un grand attrait. L'ayant retrouvée, ils voulaient la conquérir. Dans les œuvres des Ducarel, des Cotman, des Turner, des Dibdin, nos monuments avaient été décrits, reproduits, analysés. La *Quaterly Review* proposait gravement de faire de l'étude de ces monuments, une propriété anglaise. On disputa aux Anglais une province qu'ils pouvaient revendiquer comme le berceau de leur premier empire et de leurs institutions, mais que les Français réclamaient comme le plus beau fleuron de la couronne. Conduits sur le terrain par un capitaine aussi brillant que M. de Caumont, les Français s'y réinstallèrent en maîtres. On ne saurait toutefois oublier quels services les Anglais avaient rendus à l'étude de la Normandie, de la ville de Caen en particulier. Leur culte pour nos beaux monuments a eu au moins l'avantage de nous conserver, par leurs albums, quelques-uns de ceux qui ont aujourd'hui disparu, ou des parties, maintenant détruites, de ceux qui existent encore. Voilà encore une source intéressante, en même temps qu'une illustration pittoresque, pour l'histoire de notre ville (1), qui se

(1) Cf. notamment, Cotman : *Architectural antiquities of Normandy*, avec notes de Dawson Turner. Londres, 1822, 2 in-fol.; Dibdin : *Voyage bibliographique, archéologique et pittoresque en Normandie*. Paris, 4 vol. in-8°, 1825 ; Pugin et le

complète par deux publications françaises : *Les monuments de la ville de Caen*, de Th. de Joluisont (1), et la *Statistique monumentale* d'Arcisse de Caumont (2).

Du mouvement d'émulation qu'ils avaient suscité sortirent de nombreuses monographies consacrées aux différents chefs-d'œuvre artistiques de cette cité, aux églises surtout : *Analyse architecturale de Saint-Étienne*, par M. Bouet, travaux de M. Ruprich-Robert, le restaurateur de la Trinité, sur cette abbaye et l'abbaye-sœur, repris en partie dans sa belle histoire de *l'Architecture anglo-normande*. Ce mouvement s'est prolongé jusqu'à nos jours : qui ne connait les pénétrantes études de M. Joly, doyen de la Faculté des Lettres, sur Saint-Pierre et Notre-Dame de la Froide Rue, celle de M. Gasté sur le pilier de Saint-Pierre ?

Le *Bulletin des Antiquaires de Normandie*, le *Bulletin monumental* fourmillent d'études de ce genre souvent fort intéressantes (3). Les notices de la Normandie monumentale, qui concernent le Calvados, dues aux derniers élèves de l'école formée

Keux : *Specimens of the architectural antiquities of Normandy*. London, in-4°, 1838. Gally-Knight : *Les monuments de la ville de Caen*.

(1) Paris, 1825, in-4°.

(2) Caen, 5 vol. in-8°, 1846-47.

(3) C'est là qu'on trouvera les articles de Georges Bouet, Raymond Bordeaux, etc., et aussi un excellent article critique sur le *Caen illustré* de M. E. de Beaurepaire, par M. Émile Travers, 1806, p. 121-164.

par M. de Caumont, sont des meilleures (1). Nous avons même d'excellents guides à mettre entre les mains des étrangers, des touristes et des Caennais eux-mêmes (2).

Mais assez rarement on a tenté d'écrire l'histoire, même fragmentaire de la ville. En 1836 parut une *Histoire de la ville de Caen et de ses progrès*, par MM. G. Mancel et Woinez ; l'œuvre ne manque pas absolument de mérites, mais elle tombe dans un défaut assez ordinaire aux monographies locales : elle raconte trop l'histoire générale à propos de celle de la ville, et surtout cette œuvre, qui n'est point sans valeur, est tout à fait incomplète. Elle s'arrête à la prise de Caen par Philippe-Auguste, c'est-à-dire au début du XIII⁰ siècle. On retourna au genre topographique avec l'*Histoire de la ville de Caen*, de M. Frédéric Vaultier, auteur d'un précis exact, mais dépourvu de toute originalité, qui parut en 1843, compilation et résumé de Huet et de l'abbé de la Rue.

Trente ans après Mancel et Woinez parut l'*Histoire de la ville de Caen*, de Barthélemy Pont. Bien qu'elle forme deux volumes de 450 pages, elle s'arrête encore un peu plus tôt que la précédente, avec la fin du règne de Henri II en 1189. Ces deux volumes ont fait faire peu de progrès à l'histoire de la

(1) *La Normandie monumentale.* Le Havre, 10 vol. gr. in-fol.
(2) Trébutien : *Caen, son histoire et ses monuments.* Caen, in-18, 1894, et Lavalley : *Caen, son histoire et ses monuments.* Caen, in-18, 1877.

ville : discussions confuses et d'autant plus longues que les textes sont plus rares, conjectures hasardées, développements oiseux sur l'histoire générale, documentation que l'on ne peut vérifier, vu l'absence complète de notes, tels sont les défauts de cet ouvrage. Deux cents pages y sont consacrées aux origines de Caen, c'est-à-dire à l'histoire de Caen avant le XIe siècle, dont, après tout, on ne sait absolument rien.

M. Pierre Carel a entrepris, il y a vingt ans, de donner comme une suite à cette histoire de Caen. Il la prit où Barthélemy Pont l'avait laissée, au règne de Philippe-Auguste, et la mena, en deux ouvrages d'aspect et de méthode assez divers, jusqu'à Henri IV. Divisant en trois périodes l'histoire de la cité : Caen sous les Ducs; Caen sous les Rois; Caen pendant la Révolution, trouvant avec une indulgence aimable que Pont avait bien traité l'histoire de Caen sous les Ducs, il voulut écrire l'histoire de Caen sous les Rois en trois parties : Caen, de Philippe-Auguste à Charles IX, de Charles IX à Louis XIII, de Louis XIII à la Révolution. Ce dessein même n'a pas été rempli, le troisième volume n'a point paru. M. Carel l'avait cependant amorcé par une étude du curieux mouvement des *Nu-Pieds* sous Louis XIII. Les deux parties aujourd'hui publiées de cette histoire ne rappellent en rien, et il faut en louer leur auteur, l'œuvre de Barthélemy Pont que l'on paraissait se proposer de continuer. La première, de Philippe-Auguste à Charles IX, peut sembler laconique et sèche: ce sont plutôt des annales (1). C'est le contre-pied de la méthode de Pont qui délaye à l'infini, mais il faut ajouter que M. Carel donne des indications et des références. Dans la seconde partie, de Charles IX à Henri IV, M. Carel a tantôt raconté, tantôt cité des documents inédits et il s'est très heureusement servi des archives communales (2). Ces deux volumes sont certainement ce que l'on a écrit de plus utile sur l'histoire chronologique de Caen, et il faut comprendre dans ce jugement l'*Étude sur la commune de Caen* (3), analyse du matrologe de la ville et du registre du cérémonial, avec quelques documents reproduits *in extenso;* livre d'autant plus précieux que le registre du cérémonial a disparu des archives communales, et que le matrologe a été compromis dans un incendie. Ce volume de M. Carel est dédié aux Antiquaires ; les deux autres l'avaient été à l'Académie. On ne saurait trop encourager les Sociétés savantes et les érudits à publier plus souvent des recueils de documents inédits de cet intérêt.

Pendant que l'on tentait ainsi, sans l'achever jamais complètement, l'histoire de Caen qui restait à l'état d'ébauche, paraissaient, le plus souvent dans les Mémoires des Sociétés savantes de la ville, nombre de monographies sur des points

(1) Carel : *Histoire de la ville de Caen, de Philippe-Auguste à Charles IX.* Caen, 1886, in-8°.

(2) Id. : *Histoire de la ville de Caen sous Charles IX, Henri III et Henri IV.* Caen, in-8°, 1887.

(3) Id. : *La commune de Caen.* Caen, in-8°, 1888.

2

particuliers. D'une lecture aux Antiquaires, d'un concours organisé par une société locale sortait quelque étude nouvelle : tels l'*Histoire de l'abbaye aux Hommes,* par M. Hippeau, le *Séjour du Parlement à Rouen dans notre ville pendant la Ligue,* de M. Lair, et bien d'autres que je ne peux citer ici, n'ayant point l'intention de faire aujourd'hui la bibliographie de l'histoire de Caen. Tous ont été mis à contribution dans le « Caen Illustré » de M. de Beaurepaire, dernière, et on peut dire définitive étude topographique de notre cité.

Je dois reconnaître que tous ceux qui m'ont précédé dans les recherches de Caen m'ont facilité la tâche ; mais aussi ils me l'ont rendue périlleuse. Néanmoins, l'histoire chronologique et intégrale de la ville de Caen reste à faire, je l'entreprends aujourd'hui. Avec quelles ressources : C'est ce que je voudrais expliquer sommairement.

II

Comme celles de toutes nos vieilles villes, nos archives ont couru de graves dangers ; elles ne nous sont point parvenues sans subir de sérieux dommages. Lors de la prise de la ville par Édouard III, en 1346, les archives de la ville furent perdues, peut-être brûlées, si bien qu'il ne reste plus aucune pièce antérieure à cette époque. Les titres de la ville durent être reconstitués tant bien que mal, plutôt mal que bien ; les chartes communales ne furent point reproduites. Charles V rétablit les privilèges des bourgeois tels qu'ils étaient au temps de Philippe le Bel. J'aurai l'occasion de montrer la gravité de cette lacune. Le *Matrologe* de la ville renferme un certain nombre de pièces du XIVe et du XVe siècle et des temps modernes ; il est heureux que l'analyse de M. Pierre Carel permette de connaître l'essentiel d'un recueil aujourd'hui dans l'état le plus lamentable. Les archives communales contiennent surtout, avec de nombreuses pièces de comptabilité, les cartons connus sous le nom de registres de l'hôtel de ville, qui présentent le plus grand intérêt. Ils sont formés des procès-verbaux des délibérations des gouverneurs échevins, qui, au début, sont assez irrégulièrement conservés ; certains ne sont que des brouillons ou des copies ; le tout est mêlé à des lettres relatives à l'administration de la ville. Les cartons de l'hôtel de ville ne contiennent de pièces qu'à partir de 1522, ou plus exactement (car il n'y a là qu'une pièce isolée) de 1533, avec quelques graves lacunes pour le XVIe siècle (juillet 1541 à septembre 1562) (décembre 1568 à juillet 1570).

A part M. Carel, presque aucun historien de Caen n'a utilisé ces archives communales, qui permettent de reconstituer la vie de la cité depuis le XVIe siècle. J'en ai déjà extrait, pour l'histoire de l'Université de Caen, des documents inédits de grand intérêt. Il faut ajouter à ce premier fonds, le plus important, les archives départementales, avec les chartes des abbayes de la ville et des environs; les séries relatives à l'Université ou à l'Administration de l'ancien régime; les manuscrits de la bibliothèque de la ville, ceux de la collection Mancel; les archives nationales qui renferment tant de documents relatifs à la Normandie, la Bibliothèque Nationale et son département des manuscrits où se trouve le *Cartulaire de la Trinité*; enfin, les manuscrits du *British Museum*, de certaines bibliothèques anglaises, et le *Record Office*.

N'oublions jamais en effet de consulter les documents anglais pour l'histoire de la Normandie, pour celle de Caen: il y a là une mine très riche que l'abbé de la Rue avait entrevue et fouillée.

Ajoutons que beaucoup de documents ont été publiés, et que l'historien d'une ville doit consulter ces innombrables recueils parus en France, dans la *Collection des Documents inédits* notamment, ou en Angleterre; qu'il ne faut même point négliger les chroniques, tant anglaises que françaises, représentées, les unes, surtout par la collection du *Maître des Rôles* (Rolls Series), les autres par les publications de la *Société d'Histoire de France*. Enfin, de nombreux textes, chroniques ou documents, ont été publiés par la *Société des Antiquaires de Normandie* ou celle *d'Histoire de Normandie*: il y a là des recueils de premier ordre et qui devront être soigneusement dépouillés.

Il est d'ailleurs nécessaire, en retraçant l'histoire d'une ville, de ne jamais perdre de vue l'histoire générale, non qu'il faille remplacer les documents absents par des chapitres d'histoire générale, mais toute monographie, toute étude d'histoire locale doit rester en rapports avec l'histoire générale, elle la doit éclairer, elle en doit aussi recevoir le reflet.

Enfin, s'il faut savoir faire usage de l'hypothèse nécessaire à l'histoire comme aux autres sciences naturelles, il ne faut pas prendre les hypothèses pour des faits, mais simplement comme des explications provisoires. Il en est ainsi de celles que nous aurons à émettre sur les origines mêmes de la cité.

III

Dans la vallée inférieure de l'Orne, au point où se fait sentir la marée, au centre d'une région naturelle, la Basse-Normandie, plus exactement au confluent de régions distinctes par la géologie et diverses par les productions agricoles, Bessin, Plaine de Camp, Bocage et Cinglais, une ville devait naître qui en serait le port et le marché (1).

Les escarpements du calcaire de Caen qui dominent les tourbes où se rencontrent l'Odon et l'Orne avec leurs bras divers se prêtaient à l'établissement des hommes. En outre, comme le remarquait

(1) Ce paragraphe est le résumé du cours professé l'an dernier à la Faculté des Lettres.

Eudes-Deslongchamps dans ses *Études jurassiques*, le banc bleu du niveau marneux qui se trouve à la base de ces assises calcaires fournissait une eau abondante.

Caen, cependant, ne paraît que tard dans l'histoire, encore que, grâce aux travaux de la *Société d'études préhistoriques*, on retrouve tout autour de la ville des traces de l'habitat humain ; on en peut suivre toute l'évolution, de l'âge de la pierre polie, avec la station achelléenne de Soumont-Saint-Quentin, à l'âge du bronze, puis à celui du fer ; c'est ainsi qu'à Castel et à Port-en-Bessin, on trouve la grande épée de bronze qui est celle des Gaulois conquérants du IV° siècle, et, à Dozulé, la petite épée de fer, arme insuffisante avec laquelle combattirent les soldats de Vercingétorix.

Ainsi, tout autour de Caen se déroulent, pendant de longs siècles, les phases de la croissance de l'humanité, sans cependant qu'apparaisse la ville. A l'époque gallo-romaine la ville de la région c'est Vieux, la cité des Viducasses. S'il faut rejeter impitoyablement, au nom de la critique, toutes les prétendues mentions de Caen dans l'histoire avant les premiers documents authentiques, les chartes du duc Richard II dans le premier quart du XI° siècle, en pleine époque normande, ce n'est pas à dire que Caen n'existât pas auparavant. On lui attribue même, aujourd'hui, une antiquité très reculée, puisqu'on admet l'étymologie celtique proposée par M. Joret, qui fait dériver Caen de Catumagos, par les étapes Catomus, Cadomus, analogues à celles par lesquelles Rouen dérive de Rotomagos.

Catumagos peut signifier champ de bataille ; on y peut aussi relever, avec d'Arbois de Jubainville, le nom propre Catus, et voir ainsi dans notre ville, à ses débuts, un simple *fundus*. Comment s'est développé ce domaine jusqu'à devenir une ville ?

Il faut rejeter, avec M. Prou, l'existence d'un atelier monétaire à Caen sous les Mérovingiens ; sur la monnaie celtique présentée à l'appui de cette thèse, on lit non Catomo, mais Riomo, Ruan (Loir-et-Cher). Il y a peut-être lieu de retenir la tradition conservée par les anciens historiens de Caen, qui veut que Clotaire IV ait vécu dans un monastère qui se trouvait sur l'emplacement de l'ancienne abbaye de Saint-Étienne ; s'il n'y a là qu'une tradition, peut-être en faut-il soupçonner que ce quartier aurait été le plus ancien de Caen.

Robertus Cenalis (Robert Cenau), évêque d'Avranches et écrivain du XV⁰ siècle, voulait qu'un évêque de Bayeux, saint Regnobert, ait fondé les quatre églises de Notre-Dame de Froide-Rue, de Saint-Sauveur du Marché, de Saint-Pierre et de Saint-Jean. Qu'un évêque de Bayeux ait fondé des églises de Caen, il en reste des traces dans les documents ultérieurs ; après 1036, un acte de l'évêque Hugues II, le plus ancien du cartulaire, nous montre que les églises de Caen, *ecclesiae de Cadun*, figurent dans les domaines de l'église de Bayeux. En 1153, trois des églises nommées par Robert Cenau, Saint-

Pierre, Saint-Jean, Notre-Dame de Froide-Rue font encore partie de ce domaine. Il est donc au moins probable qu'un évêque de Bayeux a fondé des églises à Caen. Il y a lieu de retenir ce fait, tout en se gardant des exagérations de l'abbé de la Rue, qui, interprétant abusivement certaines coutumes très simples, faisait des évêques de Bayeux les propriétaires de presque toute la ville de Caen, ce qui est inconciliable avec les droits exercés par les ducs sur le sol et les habitants.

On a émis cette hypothèse que ce serait pour convertir les Saxons qu'un évêque aurait fondé ces églises.

Si l'on relève incontestablement des indices de la présence des Saxons dans la région ou même dans la ville, il faut peser les arguments invoqués, les choisir et se garder de toute exagération.

Je crois qu'on ne saurait nier que le pays a été soumis périodiquement à des invasions saxonnes depuis le III° siècle jusqu'aux invasions normandes qui n'en sont que la continuation et la fin, mais je ne vois point de preuve d'un établissement permanent, d'une occupation saxonne continue dans la région. Aucun des textes relatifs à ces pirates pendant les III°, IV°, V° siècles, ne concerne particulièrement la région normande: ils sont tous vagues. Le Littus Saxonicum semble plutôt le littoral organisé militairement pour repousser les Saxons que le pays occupé par eux, son sens est d'ailleurs plus extensif. Rien de certain avant les Saxons Bajocasses du VI° siècle, au service de Chilpéric et de Frédégonde, qui d'ailleurs semblent avoir été détruits par les guerres contre les Bretons. Il n'y a donc aucune preuve que ce soient ces pirates ou ces Saxons mercenaires du VIe siècle qui aient donné leur nom à l'Otlinga Saxonia, où Huet voyait la première apparition de Caen dans l'histoire, où l'on a souvent vu comme la prolongation des établissements saxons du IIIe au IXe siècle sur l'emplacement de la cité des Viducasses qu'elle aurait remplacée. L'Otlinga Saxonia n'apparaît que sous Louis le Débonnaire tout au plus ; elle n'existe pas lors du capitulaire de 802 qui énumère toutes les divisions territoriales de la région ; elle pourrait être une colonie de ces Saxons transplantés par Charlemagne à partir de 804, désignés par quelque chef de clan, l'Otlinga Saxonia : ce serait la Saxonia du fils d'Otto. Cette division d'ailleurs fut de peu d'étendue, d'une étendue moindre qu'on ne l'a cru jusqu'ici ; il en faut retrancher le Cinglais et n'y comprendre avec certitude que le doyenné de Vaucelles et peut-être celui de Troarn et la chrétienté de Caen, si l'on veut tirer parti de la tradition relative à la fondation des églises de Caen par un évêque de Bayeux et de l'hypothèse de la conversion des Saxons par ses soins. Seulement il faudrait alors attribuer cette conversion non au Ragnebert du VIIe siècle (si longtemps confondu avec un saint Regnobert du IIe dont l'existence n'a rien d'historique), mais à un évêque du IXe siècle, à Érembert peut-être dont l'existence nous est révélée par sa souscription au concile de Quiersy-sur-Oise en 838, époque qui coïncide avec l'existence de l'Otlinga Saxonia. Il n'y a après tout aucune preuve indiscutable, à l'heure actuelle, de l'établissement des Saxons à Caen même. Que certains noms de quartier, comme Darnetal (Saint-Pierre), de rue, comme Cathehoule, ancien nom de la rue de Geôle, soient d'origine germanique, cela est évident, mais il est toujours délicat de dire si ces noms viennent du norois, l'ancienne langue scandinave, ou du saxon.

On trouverait aussi, sous les assises de la rue Saint-Jean, une voie qui n'est ni gauloise ni romaine ; à cette époque les communications entre les deux pays séparés par l'Orne, le Bessin et l'Hiémois, se faisaient en amont ou en aval de Caen. Cette route, si utilement signalée par M. Travers, a eu sans doute une importance considérable pour le développement de la ville, en faisant passer, par le point où déjà confluaient l'Orne et l'Odon, une voie de communication avec l'Hiémois, dont elle conserva le nom, rue Hiémoise ou Exmoisine ; mais qui l'a créée, les Saxons ou les Normands ?

Si on adopte l'hypothèse faite plus haut, elle pourrait remonter à la première moitié du IXe siècle, peut-être aussi date-t-elle de l'époque où les ducs normands, alors solidement établis, voulurent redonner quelque activité économique à la province, c'est-à-dire de la seconde moitié du Xe siècle ?

Voilà un point que l'on aimerait à préciser ? Mais, en l'état actuel des connaissances, est-il permis de choisir entre ces deux hypothèses ?

Nous ne trouvons pied sur le terrain solide de l'histoire qu'au début du XIe siècle. Dans les quatre premières chartes qui la mentionnent, et dont la série va, non de 1006 à 1026, comme on l'a dit jusqu'alors, mais de 1020-1024 à 1027, Caen apparaît comme une ville de quelque étendue et sans doute aussi de quelque activité, avec des églises, des vignobles, des prés, des moulins, la foire du Pré et le port.

Peut-être alors, ou depuis plus longtemps, s'est constitué Caen par l'agglomération de Calix, en y comprenant Calibourg, de l'ancien quartier de Saint-Étienne, réunis par un bourg plus récent qui fut le grand bourg.

La ville voit son importance augmenter considérablement sous Guillaume, regardé souvent comme son fondateur. Ce n'est, certes pas, qu'il ait créé la ville, mais il en a compris le premier toute l'importance possible. C'est dans ses environs qu'il a gagné la victoire de Vales-Dunes ; c'est auprès d'elle, à Vaucelles, déjà uni à Caen par la route ou rue Hiémoise, qu'il tient les conciles pour la Paix de 1047 et de 1061 ; là qu'il fonde cette chapelle Sainte-Paix dont une construction beaucoup plus récente, dans les dépendances de l'usine à gaz, rappelle le souvenir. En 1058, lors de sa campagne contre son suzerain Henri Ier, il dut sentir la nécessité d'une forteresse pour défendre le Bessin et la campagne de Caen et commander le passage de l'Orne. C'est lui qui a commencé le château, qui a entouré la ville d'une première enceinte, sans doute assez faible ou discontinue, séparant le grand bourg, comme disent ses chartes, des deux faubourgs où allaient s'élever les deux abbayes fondées par Mathilde et lui dans un acte de piété intéressée et pour apaiser leur différend avec le pape.

C'est en 1059, sans doute, l'année même où Lanfranc obtenait du pape Nicolas II la levée de l'interdiction prononcée par le pape Léon IX contre le mariage de Guillaume avec la fille du comte de Flandre, que celle-ci, plus empressée que son mari à satisfaire aux prescriptions pontificales, appela à la tête de l'abbaye bénédictine qu'elle organisait, non sa fille Mathilde, comme on l'a dit à tort sur la foi d'une copie d'un Rouleau des Morts, mais une religieuse du monastère des Préaux près de Pont-Audemer, et nommée Mathilde, comme la comtesse.

C'est à 1063, et non 1066, qu'il faut faire remonter la venue de Lanfranc que Guillaume appelait de l'abbaye du Bec, déjà célèbre, pour le mettre à la tête de l'Abbaye-aux-Hommes.

En juin 1066, quelques semaines avant le départ de Guillaume pour la conquête de l'Angleterre, Mathilde pouvait procéder à la consécration de la partie construite de l'Abbaye-aux-Dames. En 1077 seulement, au milieu d'un grand concours d'évêques, Lanfranc, archevêque de Cantorbery, consacrait Saint-Étienne.

Quels sont les deux architectes? Aucun texte ne permet de le dire, mais une série de déductions me permet de supposer que Lanfranc a eu une part prépondérante que lui contestait sans bonne raison son historien, M. Charma, dans la construction de l'Abbaye-aux-Hommes. J'attribuerais volontiers l'Abbaye-aux-Dames au célèbre moine normand Gondulph, l'architecte de la tour de Londres, de la cathédrale de Rochester et du donjon de Malling. Seul, parmi ceux qui se sont occupés de nos anciennes abbayes, M. Bouet avait noté son passage à Caen, il lui attribuait un rôle dans la construction de l'une de nos abbayes bénédictines, c'était à l'Abbaye-aux-Hommes qu'il songeait.

Les deux églises, romanes l'une et l'autre, ont été construites sur un plan différent, encore qu'il ne soit pas du tout certain que celui de l'Abbaye-aux-Hommes ait été emprunté, comme le croyait Ruprich-Robert, aux églises lombardes de Saint-Ambroise de Milan ou de Saint-Michel de Pavie. Profondément remaniées au cours des âges et sans doute dès leur début, il ne subsiste sans doute pas grand'chose des deux églises primitives, à Saint-Étienne surtout; seule, la Trinité a conservé dans les bas-côtés ses voûtes d'arête.

Les deux abbayes allaient donner à la ville un caractère nouveau qu'elle a conservé au cours des âges; Caen, à partir du XI⁰ siècle, devient un centre religieux important, une ville monastique, la ville aux églises, comme disaient les marins qui voyaient apparaître successivement ses clochers aux détours de la sinueuse rivière. Richement dotées, les deux abbayes prirent rapidement une grande extension, elles développèrent les faubourgs où elles étaient situées. Les moines de l'Abbaye-

aux-Hommes construisirent Saint-Nicolas, un des
plus anciens édifices de la ville, un de ceux qui ont
été le moins remaniés ; les religieuses de la Trinité
élevèrent l'église Saint-Gilles, aujourd'hui bien
différente.

Caen apparaît en même temps comme un centre
littéraire important, ce qu'il restera toujours. Ce
sont ces abbayes qui lui donnent tout d'abord ce
caractère. Lanfranc, l'élève de l'école de Pavie, a
amené avec lui, contrairement à ce qu'avait dit
Hippeau, de nombreux et intéressants disciples ;
citons, avec l'architecte Gondulph, qui contribua à
former la bibliothèque de l'abbaye, Guillaume
Bonne-Ame, un des plus habiles chantres de ce
temps. Lanfranc a peut-être fondé à Caen une véritable école de droit et de théologie dont on retrouve
des traces aux siècles suivants: c'est, au XIIe siècle,
Thibaut d'Étampes qui eut peut-être quelque part
aux origines d'Oxford, au XIIIe et au XIVe des
docteurs dont les noms isolés relient par une
chaîne peut-être ininterrompue, l'école de Lanfranc
à l'Université d'Henri VI.

Les religieuses de la Trinité s'exercent aux vers
latins ; quelques-unes y acquièrent une réputation,
et, au XIIe siècle, le sévère archevêque de Rouen
Eudes Rigaud leur reproche d'entremêler les leçons
des offices de dialogues animés, premières origines
du théâtre à Caen.

Après la mort de celui qui avait assuré à Caen la
célébrité, la ville, ainsi que le duché, fut disputée

par ses fils. Au cours de ses luttes, Robert Courte-Heuse fit dériver du bras de l'Orne qui passe sous Vaucelles, le canal Robert, il isola le quartier Saint-Jean qui se trouvait en dehors des fortifications de Guillaume. Son frère, Henri, l'emporta ; victorieux, il comprit l'importance stratégique de Caen, il éleva le donjon, y résida fréquemment ; c'est pendant un de ces séjours que le poète Raoul Tortaire la visita et en fit une enthousiaste et pittoresque description ; il dépeignit l'activité de son port et de son marché en des traits qui conviendraient, qui auraient surtout convenu, il y a cinquante ans, pour évoquer un de nos jours de foire d'automne ou de printemps.

Mais c'est surtout après les guerres civiles entre les derniers descendants de Guillaume, entre Étienne et l'empress Mathilde, qui eurent leur contre-coup à Caen ; c'est surtout après le triomphe des Angevins que la ville prit une importance politique. Il serait exagéré et inexact de dire que Caen devint alors une capitale. Les rois de ce temps-là sont essentiel-lement itinérants, les Plantagenets tout particulière-rement, toujours passagers d'Angleterre en Norman-die, voyageant à travers leurs différentes provinces de France, n'avaient point de résidence fixe ; mais il est incontestable que l'avènement au trône d'An-gleterre et au duché de Normandie des Angevins, maîtres du Maine, de la Touraine, du Poitou et, après le mariage d'Henri II avec Éléonore, de la Guyenne, donna à Caen une importance politique considérable. Dans le voisinage de la mer, sur la route la plus directe pour aller de la Normandie dans les possessions angevines du bassin de la Loire et au delà de la Loire, Caen est peut-être le véritable centre de cet empire angevin, Rouen occupant une position trop extérieure. Henri II et Jean sans Terre y résident à différentes reprises et y accomplissent des actes politiques importants. Caen est le centre de leur administration en Normandie ; c'est le siège de l'Échiquier qui se tient au château, dont le sénéchal de Normandie a la garde.

De cette époque aussi datent les origines de la prospérité commerciale, du grand commerce des vins ; et, en même temps, la Commune qui n'a pas été fondée, comme on le dit, par Jean sans Terre en 1203 : copiée sur les établissements de Rouen, elle remonte peut-être, comme la Commune de cette ville, à la seconde moitié du XIIe siècle.

En 1204, la ville subit le sort de la Normandie et passa sous la domination française. Les chroniqueurs officiels de Philippe-Auguste nous apportent le témoignage de l'incontestable prospérité de Caen à l'époque de la conquête française. *Vicum opulentissimum*, dit Rigord ; et Guillaume le Breton, dans sa *Philippide*, nous la présente avec tant d'églises, de maisons et d'habitants qu'elle se croit à peine inférieure à Paris :

Ut se Parisio vix annual esse minorem.

S'il y a là quelque exagération par où le Normand rappelle le Gascon, on y trouve la preuve que Caen s'était crue un instant capitale. Mais au point de vue politique, elle allait déchoir sous l'administra-

tion française. Le sénéchal de Normandie disparaît.
Caen n'est plus qu'un chef-lieu de bailliage. La Normandie a perdu son unité administrative qu'elle ne
retrouvera plus maintenant que d'une façon inter-
mittente et passagère. L'Échiquier devient itinérant.

Les habitants de Caen mènent une vie paisible,
mais, comme plus tard, au XVII° siècle, dans une
autre période de calme politique et de lutte
contre l'hérésie, les établissements religieux se
multiplient : collégiale du Saint-Sépulcre en 1226,
Cordeliers ou Frères Mineurs entre 1236 et 1262,
Jacobins ou Dominicains en 1247, Carmes en
1278, Croisiers en 1275, Béguines dans la Franche-
Rue, aujourd'hui rue des Croisiers. Les historiens
de Caen en ont oublié ; ils ont laissé de côté les
Frères du Sac qui avaient leur établissement dans
la rue Neuve-Saint-Jean et qui disparurent bien
vite. Ces congrégations se portèrent dans les quartiers encore peu habités de Saint-Jean, ou dans les
terrains non enclos du nord de la ville, dans ce qui
fut plus tard le quartier universitaire.

Sur les confins de Saint-Jean et de Vaucelles, les
Augustins s'établissent à l'Hôtel-Dieu qui se déve-
loppe avec de nombreuses annexes, moulins, cha-
pelles, cimetière. On l'a attribué à la piété et à
l'humanité de saint Louis qui l'enrichit, mais les
descriptions que de Bras nous a laissées de son bâti-
ment principal nous induisent à reporter sa construction première à l'époque de Henri II, créateur
d'établissements semblables à Angers, et qui avait
doté Caen de la Maladrerie et de l'hôpital de

Saint-Thomas l'Abattu, situé dans le Bourg l'abbesse.

Au point de vue politique, c'est une période de torpeur, de calme complet. L'auteur anonyme de la *Chronique de Caen,* le premier en date des annalistes caennais, ne trouve alors à noter que les phénomènes de la nature et les phénomènes extranaturels : aurores boréales et veaux à deux têtes. Malheureux historiens, peut-être ; mais sans doute aussi, heureux peuple : car en dépit du trouble apporté à la vie commerciale par la rupture avec l'Angleterre après 1204, les traits épars que l'on peut rassembler, dont on peut faire un faisceau, montrent que Caen, au centre d'un pays riche et alors peuplé, devient une ville industrielle, d'industries agricoles d'ailleurs. Les moulins y avaient d'abord dominé dès le temps de Guillaume, puis vinrent les industries de la teinturerie que les bras de l'Odon et la culture de la voède favorisaient. Enfin, l'industrie de la draperie au XIV° siècle doit peut-être son développement local aux crises que subissent alors les tissages de la Flandre. Le port est actif. Caen reçoit et prépare les produits de la pêche : harengs, craspois ou baleine salée.

Mais chose étrange, qui ne s'explique que par le peu de faveur dont jouissait alors le cidre et par la situation de Caen dans l'ancien empire plantagenet, le commerce principal paraît avoir été celui des entrepositaires en vins ; ils achètent les vins de Bordeaux, sans négliger ceux moins renommés du Gâtinais ; ils les entreposent à Caen, à Ouistreham, à Guernesey, pour les revendre sur les côtes de la Manche, dans les ports anglais de la côte orientale, Boston, Ipswich, etc.

Ces marchands de vin sont ainsi doublés d'armateurs qui envoient chaque année leur flotte dans le golfe de Gascogne. Caen a ainsi une marine importante que l'on voit figurer dans une expédition de Henri III pour la reconquête de la Normandie, preuve qu'ici, comme deux siècles et demi plus tard à Bordeaux, les intérêts du commerce maintiennent les rapports entre deux peuples séparés politiquement et que les Caennais éprouvèrent, quelques années après 1204, des regrets pour la domination anglaise.

A la fin du XIII° siècle, la rupture est complète entre les Normands et les sujets du roi d'Angleterre ; les Caennais prennent part à la lutte maritime de 1292-1298 contre les Basques de Guyenne, leurs rivaux dans le commerce des vins.

Les atrocités commises de part et d'autre dans cette lutte entraînèrent la rupture définitive entre Normands et Anglais. A partir de ce moment, les Caennais, comme les Normands, furent tout dévoués aux rois de France. Ceux-ci d'ailleurs ne négligent rien pour les gagner. Les Caennais ont uni leurs intérêts à ceux des Parisiens. Soutenus maintenant par les derniers Capétiens mécontents de Rouen, les marchands de vin de Caen disputent à ceux de Rouen le commerce de la Seine : le bordeaux ne leur suffit pas, ils veulent acheter et vendre le bourgogne, et en 1315, ils obtinrent du Parlement et du roi Louis X la libre navigation de la basse Seine. Voilà un des côtés économiques les plus curieux et les moins connus jusqu'ici de l'histoire de Caen.

Les rois avaient un grand intérêt et les meilleures raisons de protéger le commerce des vins, puisque, à la prospérité de ce commerce, était lié le développement de la marine. Or, à l'aube du XIV° siècle, les rois ne pouvaient se faire d'illusions sur la quasi-certitude de la rivalité économique, maritime et politique qui allait de nouveau mettre aux prises la France et l'Angleterre pour plus d'un siècle. Ils allaient avoir grand besoin d'une marine. La Normandie, avec ses ports nombreux, pouvait s'associer à leurs desseins. En 1339, les États de Normandie votaient un subside pour permettre au roi une nouvelle conquête de l'Angleterre que les Normands allaient partager avec lui.

Édouard III détourna le coup comme plus tard Napoléon, par une diversion continentale. En 1340, la guerre de Flandre sauva l'Angleterre, comme la 3° coalition en 1805. La bataille de l'Écluse où figurait le contingent caennais et où se distingua la *Jeannette*, montée par un d'Argouges, fut le Trafalgar de cette campagne. Philippe VI ne sut pas prévoir que le Plantagenet exécuterait ce que le Valois avait rêvé; il ne prit que des mesures insignifiantes pour la défense de la Normandie.

En 1346, Caen n'avait pour défenseurs que quelques archers gênois. L'armée anglaise débarquait du 12 au 18 juillet au Barfleur ; le 26, elle arrivait devant Caen, après avoir pillé le Cotentin, le Bessin et une partie de la plaine de Caen ; le connétable Raoul d'Eu venait d'entrer dans la ville avec quelques chevaliers. Dès le matin les Anglais annonçaient leur approche par des incendies. Je rejette le récit de Froissart emprunté aux *Vrayes chroniques* du chanoine de Liège Jean le Bel, qui représente les bourgeois de Caen comme ayant voulu faire une sortie malgré l'avis du connétable et ayant pris la fuite au premier contact avec l'armée anglaise. Les sources anglaises, les récits de plusieurs personnes attachées à l'armée d'Édouard III, dont quelques-uns ont été écrits au lendemain de la victoire, ne soufflent mot de cette panique.

Les habitants avaient évacué le grand bourg dénué sur bien des points de fortifications, et les abbayes, ils s'étaient réfugiés dans l'île Saint-Jean et firent une vigoureuse résistance au pont Saint-Pierre, puis, quand ils eurent été tournés par les Anglais qui avaient franchi l'Orne, dans les premières maisons de la rue Exmoisine.

IV

Cette date de 1346 marque pour Caen la fin d'une période heureuse d'activité commerciale et industrielle. En même temps la ville changea d'aspect, elle se fortifia, s'entoura de remparts; leur ligne partant du château allait rejoindre l'Orne en enfermant la ville, en la séparant plus complètement de ses deux faubourgs abbatiaux, le Bourg l'abbé, le Bourg l'abbesse. A l'abri de ses murailles, la ville se remit au travail; en 1417, les Anglais durent en faire le siège; les monuments eurent à souffrir des effets de l'artillerie; après un nouveau pillage et l'entrée des Anglais commença l'exode d'une partie de la population française que les Lancastres s'efforcèrent en vain de remplacer par une immigration anglaise. Les descendants des Plantagenets se flattaient de garder la Normandie; reprenant la tradition de Guillaume, ils voulaient faire de Caen la capitale de cette province; ils y installèrent les principaux rouages du gouvernement des pays conquis et la dotèrent d'une Université. Peut-être ici, comme en d'autres parties de la province, entreprirent-ils d'effacer les traces matérielles de leurs ravages et commencèrent-ils à rebâtir? Il ne leur fut pas donné de mener à bien l'œuvre réparatrice. Les Normands mêmes, d'une part, Jeanne d'Arc, de l'autre, ne leur en laissèrent point le temps. L'Anglais chassé, on vit s'ouvrir pour Caen, comme pour la Normandie tout entière, une période de relèvement. Louis XI, qui sut gré aux Normands de n'avoir pas écouté ses adversaires et de ne lui avoir point préféré son frère, encouragea le commerce de Caen. Certes ce fut une belle époque que cette fin du XVᵉ siècle: les Français, libérés de leurs angoisses, fiers d'avoir recouvré le sol tout entier de la patrie, se mirent, d'un commun effort, à tirer la France de ses ruines.

L'humanité aussi se libérait ; elle remontait à ses sources ; elle redécouvrait l'antiquité, ou plus exactement se reprenait à l'aimer. A Caen, l'Université fut le centre de cette renaissance intellectuelle de la Normandie que favorisa aussi la création des imprimeries locales. Les grecs, les romains sont publiés, mis entre les mains des écoliers, par les Angier, les Regnault, les Macé. Les bourgeois sont riches et cultivés. Les monuments commencés depuis deux siècles s'achèvent en un style nouveau, fleuri, lumineux, étincelant comme l'aurore du XVIe siècle. Alors s'élèvent ces édifices qui donnent à la ville un aspect si particulier, le chevet de Saint-Pierre, certaines parties des églises Notre-Dame de la Froide Rue, Saint-Sauveur du Marché, Saint-Étienne le Vieux, ces splendides hôtels de la Renaissance, hôtel du Than, hôtel d'Escoville, hôtel de Duval de Mondrainville. La ville achève de se parer, de s'embellir pendant une période de prospérité. Elle eut, à partir de ce moment, tous les monuments qui lui font honneur, tous ceux que les touristes anglais et français viennent encore visiter.